E.T.™
EL EXTRATERRESTRE

DESCUBRE

Las Comunicaciones

Ian Graham

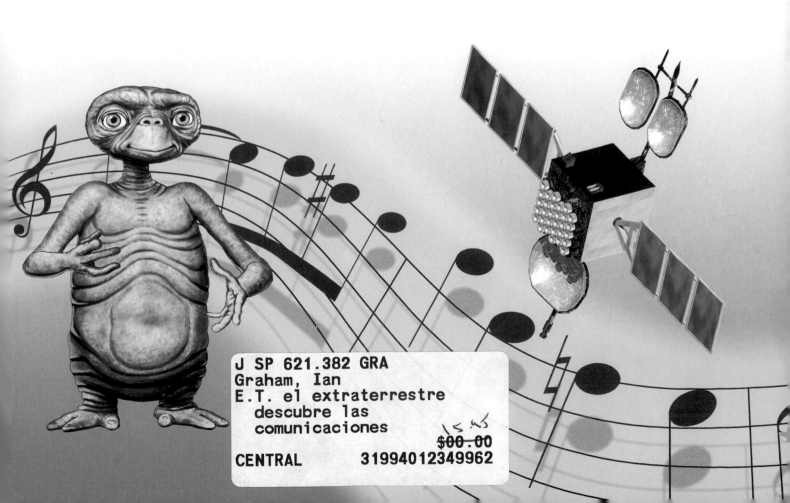

KINGFISHER/UNIVERSAL
Kingfisher Publications Plc
New Penderel House 283-288 High Holborn, London WC1V 7HZ
www.kingfisherpub.com

First published by Kingfisher Publications Plc in 2002
Copyright © Kingfisher Publications Plc 2002

Título original: Communications
Autor: Ian Graham
Director de proyecto: Belinda Weber
Editor: Christine Hatt
Edición artística: Eljay Yildirim
Diseño: Andrew Nash
Subdirector: Nicky Studdart
Control de producción: Debbie Otter, Kelly Johnson

© Traducción y adaptación: José Miguel Parra Ortiz
© de la edición española, 2002
   OBERON, Grupo ANAYA, S. A.
   Juan Ignacio Luca de Tena, 15; 28027 Madrid, tel. 91 393 88 00
   ISBN: 84-667-1393-X
   Impreso en Italia

Contenido

Lenguaje y escritura

E.T. se ha dado cuenta de que las personas son las criaturas de la Tierra que más se comunican entre sí. Hablamos unos con otros utilizando el lenguaje. Éste nos permite compartir información e ideas. Para escribir lo que decimos utilizamos unos conjuntos de letras llamados alfabetos.

Los musulmanes no dibujan imágenes de personas o animales. En vez de eso decoran los edificios y los libros con la bella escritura árabe.

Montones de lenguas

Los habitantes de los distintos países hablan idiomas diferentes.
En la actualidad hay unas 6.000 lenguas en el mundo.

GRECIA

BRASIL

SUECIA

SUDÁN

AUSTRALIA

REINO UN.

TURQUÍA

ARGENT

COREA DEL SUR

ISRAEL

AUSTR

Símbolos chinos

Los símbolos de la lengua china, llamada mandarín, no representan sonidos, como nuestras letras, sino ideas. La mayor parte de los alfabetos tienen entre 20 y 30 letras; pero hay cientos de símbolos en el mandarín. ¡Incluso para los niños chinos es difícil aprendérselos todos! Estos símbolos chinos significan «gentes de China».

Los egipcios empezaron a utilizar un lenguaje pictográfico llamado jeroglífico hace 5.000 años.

Los jeroglíficos grabados en los edificios nos hablan de los faraones, los antiguos reyes egipcios.

Las personas sordas se comunican utilizando un lenguaje de signos. Está formada por movimientos especiales de las manos y los dedos en vez de por palabras habladas.

CANADÁ

JAMAICA

En la actualidad utilizamos imágenes o pictográmas para dar información sin usar palabras.

¡SOBRECARGA DE INFORMACIÓN!

E.T. ha recogido tantos datos fascinantes que debe enviarlos a su planeta para que sean analizados.

Unos 840 millones de personas hablan mandarín. Tiene más hablantes que ninguna otra lengua en el mundo.

Una forma especial de escritura, llamada taquigrafía, utiliza líneas y formas para representar palabras completas. La taquigrafía se utiliza para escribir muy rápido.

Algunas personas sordas pueden comprender lo que otros están diciendo observando el movimiento de sus labios. A esto se le llama leer los labios.

Lenguaje corporal

No todos los lenguajes tienen palabras. El modo en que mueves tu cara y tu cuerpo se conoce como lenguaje corporal y les dice a los demás cómo te sientes. E.T. puede saber, mirando la cara de la gente, si están contentos, tristes o enfadados. A menudo, los médicos pueden saber qué va mal observando el modo de moverse de sus pacientes.

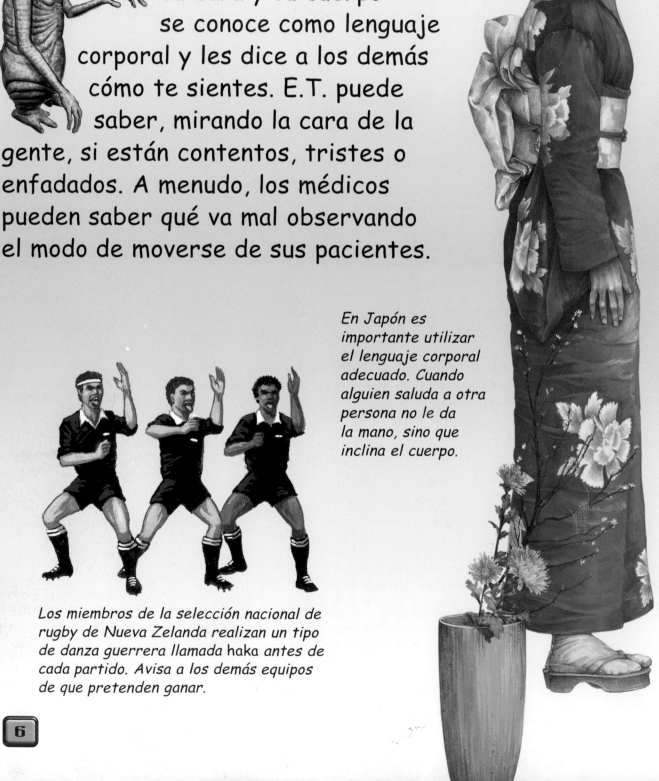

En Japón es importante utilizar el lenguaje corporal adecuado. Cuando alguien saluda a otra persona no le da la mano, sino que inclina el cuerpo.

Los miembros de la selección nacional de rugby de Nueva Zelanda realizan un tipo de danza guerrera llamada haka antes de cada partido. Avisa a los demás equipos de que pretenden ganar.

Haciendo muecas

Bajo la piel de la cara hay más de 50 músculos. Pueden hacer que tus labios y cejas adquieran muchas posturas diferentes, que informan a la gente de cómo te sientes: contento, triste, enfadado, con miedo o sorprendido.

Señales con las manos

Los movimientos de las manos tiene muchos significados. Un pulgar hacia arriba es amistoso, pero agitar un puño no lo es. Si un emperador romano señalaba hacia abajo con su pulgar en una lucha entre dos gladiadores, uno de ellos tenía que morir.

¡SOBRECARGA DE INFORMACIÓN!

E.T. ha recogido tantos datos fascinantes que debe enviarlos a su planeta para que sean analizados.

Los animales utilizan el lenguaje corporal para indicar a los demás animales si se sienten enfadados, asustados o juguetones.

Lo que se considera un lenguaje corporal educado varía según los países; por ejemplo, en Corea es de mala educación sonarse la nariz en público, pero en otros muchos sitios no lo es.

Los japoneses piensan que es de muy mala educación mirar fijamente a los ojos de una persona mientras se habla con ella.

Libros

Los libros son un modo estupendo de difundir historias, ideas e información por todo el mundo. Imprimir muchos ejemplares de un libro en muchas lenguas diferentes permite que miles de personas lean y disfruten del mismo texto. La fabricación de libros se conoce como edición.

Las bibliotecas contienen las historias y los conocimientos de muchas personas entre las páginas de sus libros.

¡LLAMA A CASA PARA CONTARLO!

La mayor biblioteca del mundo es la Bilbioteca del Congreso, en Washington D. C., EE.UU. Contiene unos 10 millones de libros, 53 millones de documentos de otros tipos y 11 millones de películas y fotografías. La biblioteca celebró su 200 aniversario en el año 2000.

Hazlo tú mismo

Los libros escritos por autores especialistas en un tema pueden enseñar a la gente toda suerte de cosas, desde empapelar paredes hasta cultivar plantas.

Los libros de mapas, llamados atlas, te enseñan dónde se encuentran los países y qué forma tienen.

Leyendo con la yema de los dedos

Algunas personas ciegas pueden leer libros impresos como líneas de bultitos sobre el papel. Cada letra y cada número son diferentes. Las personas «leen» esos signos pasando por encima la yema del dedo. Este «alfabeto para ciegos» se conoce como braille, porque lo inventó un francés llamado Louis Braille.

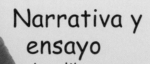

Narrativa y ensayo

Los libros son de narraciones o de ensayos. Los de narraciones contienen historias inventadas por los escritores. Los ensayos contienen información sobre temas como la ciencia, el deporte o la Historia.

¡SOBRECARGA DE INFORMACIÓN!

E.T. ha recogido tantos datos fascinantes que debe enviarlos a su planeta para que sean analizados.

Los editores publican cerca de un millón de libros nuevos al año. Unos 65.000 de ellos proceden de los EE.UU. y más de 30.000 de España.

Las personas ciegas pueden escuchar libros grabados en cintas magnetofónicas. Son casetes con novelas y otros textos hechos especialmente para la gente que no puede leer.

En un futuro puede que se lean libros electrónicos. Son pantallas pequeñas donde aparecen las palabras.

Periódicos y revistas

Antes de que se inventaran la radio y la televisión, el principal medio para saber qué pasaba era leer periódicos. Las personas, y E.T., todavía obtienen muchas noticias e información de los periódicos y las revistas. La mayor parte de los periódicos son diarios o semanales. Las revistas suelen aparecer cada semana o cada mes.

En el mundo se publican anualmente unos 23.000 periódicos y unas 80.000 revistas diferentes. Muchos de ellos se venden en kioscos como este.

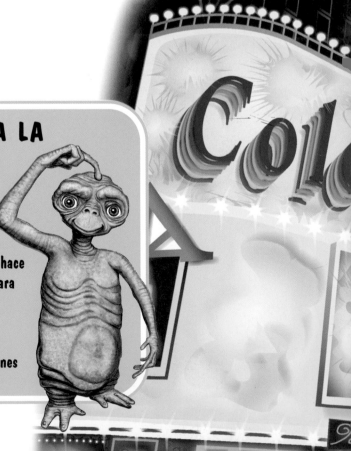

Las revistas a menudo tratan sobre temas concretos, como los coches o la moda.

¡ALERTA A LA TIERRA!

El tipo especial de papel que se utiliza para los periódicos, se llama papel de prensa o continuo; se hace a partir de árboles. Para conseguir el papel de todos los periódicos de EE.UU se cortan al año unos 220 millones de árboles.

Así se hace un periódico

Recogiendo noticias.

Muchas personas trabajan juntas para hacer un periódico. Los reporteros recogen noticias y escriben artículos. Los fotógrafos hacen fotografías. Los editores eligen los artículos y las fotografías que serán publicadas. Los maquetadores preparan las páginas en el ordenador. Los impresores utilizan unas máquinas llamadas imprentas para imprimir el papel.

Haciendo fotos.

Eligiendo los artículos.   *Maquetando las páginas.*   *Imprimiendo el periódico en una imprenta.*

Anuncios

Los anuncios son ilustraciones y palabras que intentan vender cosas. Aparecen en los periódicos y revistas, así como en grandes paneles llamados vallas publicitarias.

Algunos anuncios están hechos a base de tubos rellenos con un gas especial, llamado neón.

Cuando la electricidad pasa a través del gas, éste se enciende para formar palabras e imágenes coloreadas.

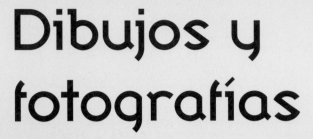

Dibujos y fotografías

Los dibujos y las fotografías contienen una gran cantidad de información. Nos hablan de la gente, de lugares y de acontecimientos. A nuestro cerebro se le da muy bien "leer" información gráfica. Se necesitarían miles de palabras para contarle a E.T. algo que puede ver con una imagen.

Las personas de la Edad de Piedra pintaron las paredes de sus cuevas hace más de 10.000 años. En la actualidad todavía podemos ver algunas de ellas. Muestran los animales que la gente cazaba.

El tiempo congelado

Las fotografías congelan momentos. Gracias a la foto que está haciendo el chico con la cámara, esos dos alegres niños recordarán siempre su visita a la torre inclinada de Pisa. Es posible hacer muchas copias, todas iguales, a partir del negativo de una cámara. Esto permite que mucha gente pueda ver exactamente las mismas imágenes.

Retratos

Durante cientos de años las personas ricas han hecho que les pintaran cuadros con su imagen; estos cuadros se llaman retratos.

La mayor parte de esas personas murieron hace mucho tiempo, pero sus retratos nos informan de cómo eran.

¡LLAMA A CASA PARA CONTARLO!

En todo el mundo, las personas hacen anualmente 80 mil millones de fotografías al año. Algunos fotógrafos utilizan cámaras que no necesitan película. Esas cámaras digitales toman fotografías que se pueden ver en la pantalla del ordenador.

Arte callejero

Hay muchos tipos de arte callejero. Las pintadas en los muros le dan color a los tristes edificios de las ciudades. Los artistas también pintan las aceras con tiza. Los artistas de la calle pintan sus nombres, mensajes y pinturas en lugares públicos.

¡SOBRECARGA DE INFORMACIÓN!

E.T. ha recogido tantos datos fascinantes que debe enviarlos a su planeta para que sean analizados.

Los colores para pintar solían hacerse a base de plantas, minerales e incluso ¡insectos! Ahora se hacen con productos químicos.

Probablemente, el cuadro más famoso del mundo sea la Mona Lisa. Leonardo da Vinci pintó este retrato de una mujer en 1503

Algunos artistas callejeros modernos, como el norteamericano Keith Haring, son tan buenos que su trabajo se expone en galerías de arte.

Radio

La radio nos permite comunicarnos rápidamente a través de largas distancias. Transforma el sonido en ondas invisibles de energía que viajan a la velocidad de la luz. Muchas radios captan estas ondas, de modo que E.T. y sus amigos pueden escuchar los mismos programas.

Las radios portátiles a pilas pueden captar las ondas de radio en prácticamente cualquier sitio.

Los científicos utilizan esta antena en forma de plato, llamada radiotelescopio, para buscar señales de radio extraterrestres, pero el proyecto SETI (siglas de Búsqueda de Inteligencia Extraterrestre en ingles) no ha encontrado a los amigos de E.T... ¡todavía!

Algunos niños que viven en el remoto interior de Australia no pueden ir al colegio, por lo que en vez de eso hablan por radio con sus profesores.

¡LLAMA A CASA PARA CONTARLO!

Hay unas 44.000 emisoras de radio en el mundo. Unas 12.000 de ellas, más de la cuarta parte del total, emiten desde los EE.UU. En toda Europa hay unas 2.500 emisoras.

La información sobre el tráfico transmitida desde helicópteros y aviones ayuda a los conductores a evitar los atascos.

Sobre el escenario

Las estrellas del rock a menudo utilizan micrófonos inalámbricos. Un «micro» inalámbrico transforma la voz del cantante en una onda de radio invisible. Ésta es captada por un receptor cercano al escenario, que la transforma en un sonido claro para el público. Los «micros» inalámbricos permiten a los cantantes bailar y moverse sin arrastrar tras ellos largos cables.

¡SOBRECARGA DE INFORMACIÓN!

E.T. ha recogido tantos datos fascinantes que debe enviarlos a su planeta para que sean analizados.

En 1901 Guglielmo Marconi envió la primera señal de radio a través del océano Atlántico, desde Inglaterra hasta Canadá.

Los camioneros de transportes de largas distancias utilizan la radio BC (Banda Ciudadana) para hablar unos con otros mientras están de viaje.

Los radiotelescopios recogen señales del espacio. Uno de Norteamérica está formado por 27 grandes antenas parabólicas para captar señales de radio.

Televisión y vídeo

La televisión (TV) lleva información y entretenimiento a los hogares de la gente. A E.T. le encanta ver las noticias, los programas para niños y las películas. La gente utiliza videos para grabar programas de TV y cámaras de video para grabar sus propias películas.

Un DVD (Digital Versatile Disc) se parece a un CD, pero contiene imágenes y sonido. La gente puede ver películas en DVD en lectores portátiles como este.

Una cámara de video es una cámara más una grabadora. La cámara transforma las imágenes en electricidad que luego la grabadora almacena en la cinta.

Emisiones desde el exterior

Utilizando cámaras portátiles y equipos de sonido, los equipos de las noticias de la televisión pueden informar desde cualquier parte. Unos instrumentos llamados emisores de radio envían las imágenes de estos equipos, llamados unidades móviles, a los estudios de televisión. Esto permite verlas en directo.

En el estudio

La mayor parte de los programas de televisión se realizan en estudios. Fuera del plató, el director puede ver las imágenes de todas las cámaras del estudio y las que se encuentran en exteriores y decidir cuáles mostrarle al público.

CCTV

Los circuitos cerrados de televisión (CCTV) envían imágenes desde cámaras hasta unos cuantos monitores. Las cámaras de los CCTV vigilan los atascos de tráfico y los accidentes. En las tiendas intentan descubrir a la gente que está robando.

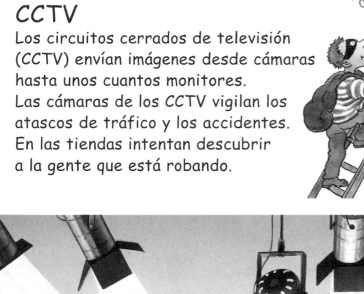

Películas y cine

Las películas nos cuentan historias a base de imágenes y sonido. Algunas de ellas tratan de cosas que han sucedido en realidad, pero la mayoría son inventadas. Una película es un modo estupendo de comunicar ideas y contarle historias a la gente que puede verlas en todo el mundo

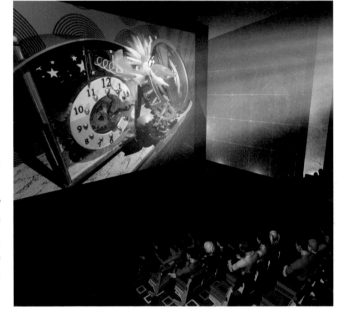

En los cines, el sonido procede de todas partes a la vez. Esto se llama sonido surround. La mayor parte de las palabras y la música proviene de la pantalla. Los efectos de sonido proceden de los laterales y la parte de atrás de la sala.

Decorados

A menudo, las películas se ruedan en lugares especialmente construidos para ello llamados decorados. Utilizan luces brillantes, incluso durante el día, para asegurarse de que las cámaras captan las mejores imágenes posibles.

Imágenes en movimiento

Las imágenes en movimiento sobre una pantalla de cine están hechas a base de muchas fotografías que forman una tira de película.

Cada fotografía es ligeramente distinta de la anterior. Cuando se proyectan todas seguidas sobre la pantalla, una detrás de otra, producen imágenes en movimiento.

Los dibujantes realizaban a mano dibujos como este, imagen por imagen. Ahora, sin embargo, se utilizan ordenadores para crear todos los personajes, hacer que se muevan y dibujar los miles de imágenes que hay en una película.

¡SOBRECARGA DE INFORMACIÓN!

E.T. ha recogido tantos datos fascinantes que debe enviarlos a su planeta para que sean analizados.

Los productores de cine realizan unas 3.000 películas al año. La mayor parte –unas 950– en India.

Hay unas 137.000 pantallas de cine en todo el mundo. La más grande tiene la altura de un edificio de ocho plantas.

Hay unas 51.000 salas de cine en China, más que en ningún otro lugar del mundo

Música y baile

La música es tan vieja como el ser humano. Utilizamos la música, las canciones y el baile para divertirnos, pero también se pueden contar historias con ellos. Hay cientos de tipos diferentes de música y distintos tipos de baile para que E.T. los pruebe.

Música clásica

La música clásica es la mejor del pasado. Los grupos de músicos u orquestas, tocaban, y siguen tocando, este tipo de música. Las orquestas contienen cuatro tipos de instrumentos: de viento, como los clarinetes; de metal, como las trompetas; de cuerda, como los violines, y de percusión, como los tambores.

La ópera y el ballet son historias contadas con acompañamiento de música. Una ópera es una historia contada por cantantes que también actúan. En un ballet son los bailarines quienes cuentan la historia.

Un grupo representa su última canción y el baile que la acompaña. Para muchos grupos, las coreografías y los videos son tan importantes como las propias canciones.

La música se escribe a base de signos sobre cinco líneas. Juntas, esas líneas se conocen como pentagrama.

En muchos países, las personas utilizan los bailes y la música tradicionales para contar antiguas historias; de este modo las conservan frescas en la memoria.

¡SOBRECARGA DE INFORMACIÓN!

E.T. ha recogido tantos datos fascinantes que debe enviarlos a su planeta para que sean analizados.

El instrumento musical más antiguo que se conoce es una flauta hecha con un hueso de oso. Tiene unos 50.000 años de antigüedad.

En los bailes folclóricos los bailarines realizan una serie de movimientos iguales en grupos o por parejas.

El patinaje artístico sobre hielo es una competición entre parejas que bailan en una pista de hielo sobre patines.

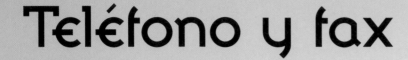

Teléfono y fax

Gracias al teléfono, hablar con alguien que se encuentra al otro lado del mundo es casi tan fácil como hablar con alguien que está en la habitación de al lado. En el mundo hay cerca de 800 millones de teléfonos. En algunos lugares hay más teléfonos que en otros. En los EE.UU hay cerca de 200 millones, pero sólo 10 millones en toda África.

Hablando mediante la luz

Las llamadas telefónicas van de ciudad en ciudad y de país en país en forma de relámpagos de luz. Los relámpagos viajan a lo largo de tiras de cristal llamadas fibras ópticas. Esas delgadas fibras ópticas pueden transmitir muchas más llamadas de teléfono que unos cables de metal mucho más gruesos.

Cuando alguien que llama habla a un teléfono, un micrófono situado en uno de sus extremos convierte el sonido en electricidad. La electricidad transmite la voz a lo largo de la línea telefónica.

La electricidad que transmite la voz de alguien que está llamando recorre el cable hasta el teléfono de la persona que recibe la llamada. Entonces el auricular transforma la corriente eléctrica en el sonido de la voz de la persona que llama.

UN CABLE
DE FIBRA
ÓPTICA

Los videófonos permiten que las personas que están hablando se vean mutuamente.
Una cámara especial en cada teléfono obtiene una imagen de quién llama y la envía a la pantalla del otro teléfono.

Enviado por el teléfono

Un fax envía tanto palabras como imágenes por medio del teléfono. Primero transforma los signos que hay sobre el papel en pitidos. Después manda éstos por el teléfono hasta otro fax, que utiliza los pitidos para imprimir una copia de los signos.

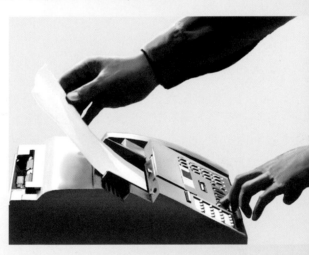

¡ALERTA A LA TIERRA!

Los teléfonos solían estar unidos a cables tendidos entre postes en la calle. Hoy en día esos feos cables se encuentran enterrados en el suelo.

¡SOBRECARGA DE INFORMACIÓN!

E.T. ha recogido tantos datos fascinantes que debe enviarlos a su planeta para que sean analizados.

Los satélites y los cables ópticos tendidos sobre el lecho marino conectan los teléfonos de países a través de los mares.

Los teléfonos inalámbricos utilizan ondas de radio en vez de cables para transmitir la voz. Como los teléfonos no llevan cables, los usuarios pueden moverse libremente.

En el mundo se envían unas 400 mil millones de páginas por fax anualmente.

Teléfonos móviles

Con los teléfonos móviles podemos hablar los unos con los otros a larga distancia desde cualquier sitio. Podemos utilizarlos en la calle o en la playa porque no están conectados con cables a nada. De hecho, los teléfonos envían y reciben las llamadas por radio.

Los teléfonos móviles permiten que la gente de todo el mundo se mantenga en contacto.

Teléfonos celulares

Las compañías de telefonía móvil dividen la Tierra en áreas llamadas células. Todos los teléfonos que se encuentran en la misma célula utilizan la misma antena de radio, que se encuentra sobre una torre alta. Si una persona se desplaza hacia una célula diferente, sus llamadas se trasfieren a otra torre. Por eso los móviles se llaman también teléfonos celulares.

Los móviles más modernos pueden conectarse a Internet y enviar y recibir mensajes de correo electrónico.

¡ALERTA A LA TIERRA!

Los teléfonos móviles contienen materiales peligrosos que pueden penetrar en la tierra si la gente los tira en cualquier parte. Las empresas intentan reciclar millones de teléfonos móviles antiguos.

Mensajes

El teclado de un teléfono móvil permite producir letras e imágenes además de números. La gente utiliza las letras para enviar mensajes de texto (palabras) a las pantallas de otros teléfonos.

Para facilitar escribir los mensajes, la gente abrevia las palabras, por ejemplo, "xq" en vez de "porque".

Las imágenes permiten a la gente enviar mensajes sencillos sin palabras.

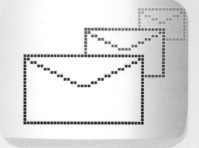
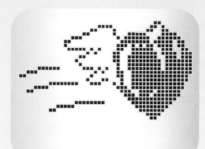

Los móviles son muy útiles para las personas que no trabajan en oficina. Los teléfonos les permiten mantenerse en contacto con la oficina y con los trabajadores de otros sitios.

¡SOBRECARGA DE INFORMACIÓN!

E.T. ha recogido tantos datos fascinantes que debe enviarlos a su planeta para que sean analizados.

En la actualidad, hay en todo el mundo hay unos 500 millones de teléfonos móviles.

En 2001 un turista inglés se perdió en una montaña australiana y utilizó su móvil para llamar a su familia y que ésta enviara a alguien a rescatarlo.

Cada año se venden más teléfonos móviles que la suma de todos los ordenadores y coches durante el mismo tiempo.

25

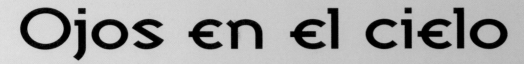

Ojos en el cielo

Muchas naves espaciales, llamadas satélites, orbitan alrededor de la Tierra muy lejos de nosotros. E. T. de vez en cuando se monta en uno de ellos. Los satélites son como ojos en el cielo. Observan el clima, buscan petroleo y minerales y transmiten imágenes de televisión por todo el mundo.

Los satélites de navegación ayudan a los marinos y a los pilotos a comprobar exactamente dónde se encuentran.

¿Aguantan todavía?

Algunos satélites orbitan la Tierra a exactamente 36.000 kilómetros de distancia. Se mueven a la misma velocidad que gira la Tierra, de modo que siempre se encuentran sobre el mismo punto.

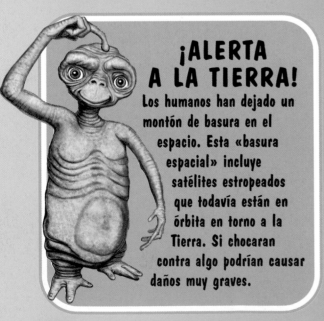

¡ALERTA A LA TIERRA!

Los humanos han dejado un montón de basura en el espacio. Esta «basura espacial» incluye satélites estropeados que todavía están en órbita en torno a la Tierra. Si chocaran contra algo podrían causar daños muy graves.

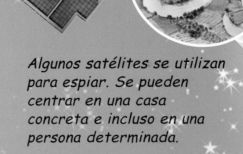

Algunos satélites se utilizan para espiar. Se pueden centrar en una casa concreta e incluso en una persona determinada.

Los satélites de comunicaciones transmiten señales de televisión por todo el mundo. Los teléfonos también las utilizan.

Los satélites metereológicos observan las tormentas y otros fenómenos atmosféricos para informar a la gente del tiempo que hará.

¡SOBRECARGA DE INFORMACIÓN!

E.T. ha recogido tantos datos fascinantes que debe enviarlos a su planeta para que sean analizados.

Los científicos lanzaron el primer satélite en 1957. Era un satélite soviético llamado *Sputnik 1*.

En 1985 el satélite *Nimbus 7* observó un agujero en la capa de ozono que hay sobre la Tierra. El agujero permite que lleguen a la Tierra los rayos de sol malignos.

En 1962 el satélite estadounidense *Telstar I* transmitió las primeras llamadas de teléfono e imágenes de televisión transatlánticas en directo.

La World Wide Web (www)

Internet es una inmensa red mundial de ordenadores conectados entre sí. Cualquier que tenga un ordenador conectado a una línea telefónica se puede conectar a ella. La World Wide Web (www) es una inmensa biblioteca con miles de millones de páginas de información.

E. T. busca en ellas la respuesta a todas sus dudas.

Las personas pueden enviar tanto mensajes de texto como imágenes mediante los correos electrónicos por medio de ordenadores conectados a la red.

Conexiones a la web

Es muy fácil pasar de una página a otra en la World Wide Web. Para ver otra página no tienes más que pulsar el botón de la pantalla mediante el ratón. La nueva página puede que esté almacenada en un ordenador diferente en un país lejano, pero la Web lo encontrará rápidamente donde quiera que esté.

Compras en la pantalla

La gente puede comprar casi de todo, desde juguetes hasta vestidos, pasando por libros y coches, visitando una amplia gama de "tiendas" en Internet. Las pantallas de los ordenadores muestran claramente los objetos, pero si cuando la gente los recibe no les gustan, por lo general pueden devolverlos.

Charlando en la web

Los ordenadores conectados a Internet permiten enviar sonidos a través de la red. Los ordenadores con micrófonos permiten hablar con otras personas y los que tienen cámaras digitales también permiten verlas.

¡SOBRECARGA DE INFORMACIÓN!

E.T. ha recogido tantos datos fascinantes que debe enviarlos a su planeta para que sean analizados.

Hay unos 2.500 millones de páginas de información en la World Wide Web.

Cada día se añaden a la World Wide Web más de siete millones de páginas con información.

Cada año se envían un billón de mensajes de correo electrónico.

DE VUELTA A CASA

E.T. ya sabe todo lo que necesitaba sobre el mundo de las comunicaciones y ya está listo para volver a su casa.

Ayúdalo a regresar a su nave espacial.

40 Esquivas un satélite que cae. Adelantas una casilla.

41

42 Recibes un mensaje del espacio exterior. Pierdes un turno.

43

39

38

37 Llama a tu amigo de EE.UU. a primera ahora. Regresa a la casilla 2.

36

20 Descubres una obra maestra en el ático. Ve a la casilla 39.

21

22 Limpias algunas pintadas callejeros. Adelantas dos casillas.

23 El sol destruye tu carrete. Retrocedes 2 casillas.

19

18 Tu historia aparece en primera plana. Avanzas dos casillas.

17

16 ¿Por qué fue la telefonista al médico? Porque escuchaba voces.

SALIDA

1 Di «hola» en otro idioma y avanza hasta la casilla 17.

2

3

Lanza el dado y muevete tantas casillas como indiquen.

Cuando hayas alcanzado el final, despega hacia casa.

45 ¡Brrrrrrr!

46 Tu móvil suena en clase. Retrocedes dos casillas.

47

48 DESPEGUE

34 Cae de la torre y no se mata, cae en el agua y se desbarata. ¿Qué es? (El papel)

33

32 Rompes una cuerda de tu violín. Retrocedes tres casillas.

31

30 Alguien no te deja ver en el cine. Pierdes una turno.

25 Te detienes a resintonizar tu radio. Pierdes un turno.

26

27 Coges a un ladrón en el CCTV. Ve a la casilla 29.

28

29

14 Has terminado el crucigrama del periódico. Adelantas una casilla.

13

12

11 Un libro de bricolaje te da un mal consejo. Retrocede una casilla.

10

4

5

6

7 Utilizas un lenguaje corporal inadecuado. Retrocedes dos casillas.

8

9 Una danza guerrera te asusta. Retrocedes tres espacios.

Índice

32